AF450625

A

M. JULES TASCHEREAU,

DIRECTEUR DE LA REVUE RÉTROSPECTIVE.

A
M. JULES TASCHEREAU,

DIRECTEUR DE LA REVUE RÉTROSPECTIVE ;

AU SUJET

DES DÉPENSES DE LOUIS XIV,

A VERSAILLES.

Par l'Auteur des Recherches historiques
sur cette ville.

Cujusvis hominis est errare.
Cic.

VERSAILLES,

CHEZ DUFAURE, IMPRIMEUR, RUE DE LA PAROISSE, 21.

1836.

AVIS.

Pour l'intelligence de la lettre qu'on va lire, on doit présenter, ici, quelques faits biographiques concernant les deux écrivains dont les ouvrages seront spécialement mis en opposition.

GUILLAUMOT (Charles-Axel), naquit en 1730. Il était membre de l'académie royale de peinture, et devint directeur de la manufacture des Gobelins; inspecteur des carrières sous Paris, il rendit d'immenses services dans cette fonction : il avait été intendant-général des bâtimens et premier architecte du Roi, en survivance. Guillaumot fut nommé membre de la Légion-d'Honneur, et mourut le 7 octobre 1807. Occupé toute sa vie de travaux publics, il n'est pas mort riche ; car indépendamment du tort que lui fit éprouver la révolution dans sa fortune et dans ses emplois, sa délicatesse et sa rare probité avaient toujours réduit le produit de ses talens à ses seuls honoraires. (*Biographie universelle*, de M. Michaud.)

LEMONTEY (Pierre-Edouard), naquit à Lyon le 14 janvier 1762 ; on ne s'occupera que des dernières années de sa vie politique et littéraire. Fouché, ministre de la police, ayant institué un bureau de police littéraire, Lemontey y fut appelé et eut le tort d'accepter. C'est une récompense que l'on crut devoir lui accorder pour un pe- tit ouvrage de circonstance composé à l'occasion du couronnement de Bonaparte. Il ne voulut pas paraître ingrat ; car l'année suivante, il publia une autre brochure ; les louanges qui y furent adressées à l'empereur furent considérées comme intéressées. Une fois lancé dans l'administration de l'empire, il lui fallut en flatter le chef dans toutes les circonstances, soit qu'il fît bien, soit qu'il fît mal. Lemontey, dit-on, n'épargnait pas devant ses amis, le gouvernement auquel il vendait sa plume : on en tirait parfois des conséquences auxquelles une position équivoque donnait quelques prétextes ; mais sa conduite peut s'expliquer par son goût un peu trop prononcé pour les places et pour l'argent. A la restauration, il fut décoré de l'ordre de la Légion-d'Honneur ; en 1818, il publia son *Essai sur l'établissement monarchique de Louis XIV*, et l'année suivante, il fut reçu membre de l'académie française. Lemontey conserva sa place de censeur dramatique, et sa mort arrivée à Paris, le 26 juin 1826, pût seule l'en arracher. (*Biographie universelle et portative des contemporains.*)

A

Monsieur Jules Taschereau,

Directeur de la Revue rétrospective.

MONSIEUR,

Ainsi que je l'ai avoué dans ma réponse au billet que vous m'avez fait l'honneur de m'écrire, je ne connaissais point, lors de la publication des *Etats, au vrai*, la dissertation de Lemontey sur les dépenses de Louis XIV, en bâtimens.

L'article que vous avez consacré à mon écrit dans votre intéressant recueil (*), m'ayant indiqué le volume où je la trouverais, je me suis empressé de me le procurer (**). Mais, à ma grande surprise, au lieu d'une discussion digne de cet historien distingué, je n'y ai lu qu'une censure systématique et dépourvue de preuves,

(*) 2.e série, tome 7, page 162.
(**) 1.re série, tome 2, page 329-382.

quoiqu'il fut à portée de se procurer tous les éclaircissemens nécessaires. Toutefois, je regrette beaucoup de n'avoir pas connu plus tôt cette dissertation, parce que, loin de nuire à mon dessein, elle m'aurait fourni l'occasion d'insérer dans mon opuscule (*), non-seulement des rapprochemens curieux entre les *Observations* de Guillaumot et les objections de Lemontey, mais de nouveaux motifs pour rester convaincu que les dépenses de Louis XIV à Versailles n'ont pas excédé les sommes portées dans la *Récapitulation générale* que j'en ai donnée. Je ne regrette pas moins que l'écrit de Guillaumot n'ait pas été à votre disposition, soit, lorsque vous avez recueilli celui de Lemontey, soit, lors de votre notice sur le mien. L'auteur des judicieuses et savantes *Histoires de la vie et des ouvrages de Corneille et de Molière*, se serait plu à extraire des *Observations* de l'architecte, un certain nombre de passages et de faits essentiels, que son critique s'est efforcé de dénaturer, ou qu'il a négligé de vérifier. Alors, vos lecteurs, non in-

(*) *Etats, au vrai*, de toutes les sommes employées par Louis XIV aux créations de Versailles, etc. ; 1836, in-8°.

fluencés, auraient été à même de comparer les
opinions des deux écrivains et de prononcer
en connaissance de cause.

Puisque j'en ai la possibilité, je vais essayer
de mettre, si je puis m'exprimer ainsi, ces
opinions en présence ; mais seulement en ce
qui concerne les dépenses de Versailles. Au
jugement d'Anquetil, « elles ont été le prétexte
« de bien des déclamations, peut-être aussi
« erronées dans leurs motifs que dans leurs
« calculs (*Histoire de France*, ann. 1664). »

C'est ce double écueil que j'ai toujours tâ-
ché d'éviter ; aussi, ai-je blâmé hautement « ces
« dépenses qu'entraînèrent et l'absence d'un
« plan d'ensemble arrêté et des changemens
« considérables dans le palais et les jardins,
« ainsi que celles enfouies par le caprice à
« Clagny, à Marly et celles hasardées à Main-
« tenon, etc. (*). » J'ai donc lieu d'espérer
qu'on accordera quelque attention à la discussion qui va suivre, et que j'abrègerai le plus
qu'il sera possible.

Guillaumot après avoir rapporté que Volney

(*) *Recherches historiques sur Versailles*, page 73.

a imprimé dans ses *Leçons d'histoire* (*), « qu'il
« existait chez l'ancien intendant des bâti-
« mens (d'Angiviller), un volume manuscrit
« qui était le registre des frais de construction
« de Versailles, » ajoute : « Le manuscrit cité
« m'appartient (**). C'est un in-folio relié en
« maroquin rouge, orné de festons et filets en
« or, doré sur tranche, avec un cartouche au
« milieu, aux armes de Hardouin Mansart,
« surintendant des bâtimens, auquel il est dé-
« dié. L'auteur se dit fils d'un principal com-
« mis de ce département, et ne s'est fait con-
« naître que par les lettres initiales de ses
« noms, G. M.

« C'est moi qui avais engagé le directeur-
« général des bâtimens, à faire examiner, par
« les chefs de ses bureaux, quel degré de con-
« fiance on pouvait y prendre. On négligea
« de s'en occuper, et je repris mon manuscrit.

« A l'époque de la Révolution, et surtout
« à la publication de la *Lettre de Mirabeau*

(*) An VIII, 1800, page 241.

(**) L'abbé de Saint-Pierre en avait déjà parlé, comme
étant la propriété de cet architecte.

(11)

« *à ses commettans* (*), on s'en souvint. Je
« demandai à concourir à la vérification des
« faits avancés dans cet ouvrage. Je découvris
« d'abord qu'à l'époque où il a été écrit, il
« existait dans les bureaux des bâtimens un
« premier commis nommé *Marinier ;* j'y re-
« connus le père de l'auteur du manuscrit. Je
« trouvai successivement les mémoires de
« chaque nature de dépense , *année par*
« *année*, arrêtés à la chambre des comptes,
« je trouvai aussi les états de fonds faits pour
« ce département, *année par année*. Ils se
« montent pendant les vingt-sept années de
« ces travaux, à 147,353,545 liv. *monnoie*
« *du temps ;* et comme les dépenses se sont
« élevées pendant le même espace de temps,
« à 153,282,827 liv. 10 s., aussi *monnoie du*
« *temps*, il s'est trouvé un arriéré de 5,929,282
« liv. 10 s., lorsqu'en 1690 ces travaux ont
« cessé (**). »

(*) XIXe lettre, page 33, juillet 1789.

(**) Toute recherche ou vérification dans les ministè-
res et les administrations, qui était alors facile , surtout à
des hommes comme Guillaumot et Lemontey, exerçant
des emplois du gouvernement, est, depuis quelques an-

Certes, voilà des faits bien circonstanciés, bien positifs, lus en des séances publiques et devant des sociétés savantes. Aucun, après l'impression, n'a été démenti lors de la discussion qui s'ensuivit dans les papiers publics, et seulement sur l'évaluation de ces dépenses au cours actuel. Ces faits sont donc avérés.

Maintenant, voici comment Lemontey les raconte, vingt ans après la mort de cet architecte.

« Un vieil architecte appelé Guillaumot,
« employé en 1800 par le Gouvernement, et
« directeur de la manufacture des Gobelins,
« mit la main dans les archives sur un petit
« cahier où il crut apercevoir une espèce de
« résumé des dépenses de Louis XIV, et ne
« résista pas à la tentation de se parer de cette
« découverte. Il en lut l'extrait dans une des
« nombreuses sociétés littéraires qui existaient
« alors, et le fit ensuite imprimer. L'inten-
« dant de la liste civile fit venir M. Guillau-

nées, tellement restreinte et hérissée de difficultés, qu'on n'obtiendrait tout au plus que des renseignemens très-superficiels. Plusieurs hommes de lettres l'attesteraient.

« mot, et lui demanda où il avait pris les cal-
« culs de son pamphlet, et surtout s'il les avait
« vérifiés (*). L'architecte convint qu'il n'avait
« rien vérifié, et indiqua le petit cahier qu'il
« s'était borné à extraire. L'intendant fit quel-
« ques remontrances à M. Guillaumot sur la
« légèreté d'un procédé qui pouvait abuser le
« public. »

Au lieu de ce singulier paragraphe, pour-
quoi Lemontey n'a-t-il pas présenté un tableau
effectif de ces dépenses ? Il le pouvait, sans
doute ; car, voici ce qu'il a écrit dans sa *Notice sur Colbert* : « J'ai eu sous les yeux les
« comptes en recettes et dépenses rendus
« chaque année par Colbert à Louis XIV,
« depuis 1662 jusqu'en 1675, ainsi que le
« projet des dépenses annuelles, que nous
« nommons à présent *budget* (**). » Ce tableau,
quelque sommaire qu'il eût été, donné par
cet historien, aurait fermé la discussion.

On doit considérer encore qu'avec la faci-

______

(*) Il n'y avait plus de liste civile depuis 1792 ; elle ne
fut recréée qu'en 1804.

(**) *OEuvres de Lemontey*, *édition revue et préparée
par l'auteur :* tom. v, page 247, 1829; in-8°.

lité qu'il a eue d'interroger nos archives , il aurait puisé dans celles de la Couronne des documens très-précieux, que je n'ai pu qu'apercevoir et dont j'ai rendu compte dans les *Recherches historiques sur Versailles* (*). Ce sont les renseignemens que j'en ai conservés et ceux que j'ai obtenus depuis à d'autres sources, qui m'ont servi à vérifier et à constater que le manuscrit de la Bibliothèque du Roi, bâse des *Etats, au vrai*, contient le Résumé exact de toutes les dépenses de Louis XIV en ce lieu et ses dépendances. Je reviendrai sur cette indication.

En outre, il est évident que Lemontey n'a point lu les *Observations* de Guillaumot, qu'il ne les a connues que par les débats qu'elles excitèrent dans les journaux, lorsqu'elles parurent en 1801, et dont il se ressouvint quand, lui-même, il eût *mis la main sur le petit cahier*. Nulle part, le dissertateur ne parle du volume cité par Volney, et que l'architecte, qui en était possesseur, a signalé ; il ne discute aucun des faits, principalement cette vérification

____

(*) Page 59 , 1.re édition, 1834, et page 63 de la 2me.

à la chambre des comptes , si formellement rapportée dans les *Observations*, et qui anéantissant son systême , l'eut réduit au silence. En un mot, il a pris l'ombre pour le corps ; et, s'imaginant que c'était le document dont Guillaumot s'était servi, il s'est livré, sans autre examen, au plaisir de le contredire et de le dénigrer, mais en secret.

Le passage de la dissertation qu'on a transcrit plus haut est suivi de deux pages d'assertions plus étranges les unes que les autres , notamment « qu'une somme de plus de « 150,000,000 fr. avait été enfouie dans le seul « Marly ! » et de déclamations rebattues contre « la manie des bâtimens, bien séduisantes « pour ceux qui disposent du patrimoine des « peuples ; » comme si Lemontey lui-même n'avait pas encensé toutes les manies du régime impérial. Il s'étonne « qu'une rapsodie « aussi complètement oubliée ait reparue dans « la 4.ᵉ édition de la *Vie de Fénélon ;* les jour- « naux voués au culte des abus, dit-il, s'en « sont aussitôt emparés, et j'ai su que des per- « sonnes à qui leur situation donne quelqu'in- « fluence l'avaient citée comme une auto-

« rité (*). » Plus loin il ajoute : « Ces consi-
« dérations me décident à faire imprimer
« l'original même (ou ce qu'il croyait l'être)
« d'où M. Guillaumot a extrait son pam-
« phlet (**). » Cette velléité n'eût pas de
suite ; la crainte de se voir réfuté, et par ses
propres écrits, l'arrêta ; Lemontey s'était voué
à la censure, mais pour l'exercer à l'ombre.

(*) Un savant littérateur, M. Peignot, est de ce nombre ; il l'a prouvé dans ses *Documens curieux et authen-*
tiques, et les argumens de Lemontey ne sont pas de nature à l'avoir fait changer d'opinion.

(**) « Lemontey n'exécuta pas ce projet : il avait dans
son cabinet, indépendance et hardiesse d'esprit, mais
hors de là, il n'avait que timidité et craintes méticuleuses.
Il aura renoncé à cette publication, redoutant, en y son-
geant de nouveau, de se mettre mal avec les descendans
et les héritiers de Louis XIV. » *(Revue rétrospective.)*

« Ce qu'on n'avait blâmé que faiblement et en secret
sous le régime militaire de Bonaparte, fut blâmé tout
haut et avec aigreur sous le régime constitutionnel. »
(Notice sur Lemontey, par Dugas-Montbel.)

En effet, Lemontey publia, en 1818, son *Essai sur l'é-*
tablissement monarchique de Louis XIV, démonstration,
avec de vifs reproches, que la maxime de ce prince était :
l'Etat , c'est moi. Loin d'être inquiété, le censeur con-
tinue ses lucratives fonctions, et fut nommé à l'académie
française.

EXAMEN DES DÉPENSES.

« On peut d'abord remarquer, suivant Le-
« montey, que ce prétendu *Etat général* ne
« comprend que 27 années, et que, comme
« Louis XIV a été 72 ans sur le trône, il se
« réduit à un peu plus du tiers de ce règne ;
« il faudrait ensuite pour que cet écrit mé-
« ritât quelque confiance, 1.° que les dépenses
« des 21 années qui précèdent 1664 eussent
« été nulles ; 2.° que celles qui furent faites
« depuis 1664 jusqu'en 1690 eussent toutes
« été fidèlement rapportées ; 3.° qu'il n'en eût
« point existé pendant les 25 années qui
« s'écoulèrent depuis 1690 jusqu'en 1715. Or,
« ces trois assertions sont de toute fausseté. »

Il est certain que si, pour charger le tableau
des dépenses de Louis XIV, en bâtimens, on
y comprenait et les sommes employées à leur
entretien ou à des accessoires, depuis son avé-
nement, à cinq ans, jusqu'en 1661, et celles
qui l'ont été pour même cause depuis 1690
jusqu'en 1715, on aurait un total plus élevé
que celui porté en l'*Etat général ;* mais une

pareille idée n'a pu venir qu'en désespoir de cause et pour étayer de vaines allégations. On va, d'ailleurs, démontrer qu'elles ne sont aucunement fondées relativement à Versailles, et que ce n'est pas sans une arrière pensée que le critique a interverti l'ordre des temps de plusieurs des constructions.

1.° *Dépenses antérieures à* 1664.

Voici ce que Guillaumot dit à ce sujet :

« C'est un fait incontestable que les grands
« travaux de Versailles n'ont commencé qu'en
« 1664 (*) ; car on connait une lettre de Col-
« bert à Louis XIV, de l'année 1663, par
« laquelle ce ministre lui reproche d'avoir dé-
« pensé à ce château, depuis deux ans,
« 500,000 écus du temps, qui valent trois
« millions de livres, monnaie d'aujourd'hui,
« et d'avoir négligé d'achever le Louvre. »

Cette lettre est, en outre, un témoignage irrécusable du montant de ces dépenses.

____

(*) Tous les historiens sont d'accord sur ce point.

Revenons à Lemontey.

« Versailles n'était plus déjà le triste et mes-
« quin rendez-vous de Louis XIII… Dès le
« commencement de mai 1664, eurent lieu
« les célèbres fêtes, dites *les Plaisirs de*
« *l'Ile Enchantée.* » Il en copie la description
dans un ouvrage du temps. « Je crois, ajoute-
« t-il, que la fameuse grotte figurait dans ces
« fêtes : c'était une construction extravagante
« et gigantesque, etc. »

Le critique n'a accumulé ces objets que pour
persuader que les sommes dépensées à Versailles étaient déjà exorbitantes. Cependant il
ne devait pas ignorer qu'alors le château neuf
de Louis XIV était seulement composé d'un
corps de bâtiment qu'il avait fait joindre au
pavillon de Louis XIII pour l'environner du
côté des jardins ; que la grande galerie et les
ailes au midi et au nord ne furent construites
que long-temps après et successivement, et que
les jardins n'avaient que la moitié de l'étendue
de ceux actuels ; enfin que la grotte ne fut
commencée qu'en 1666.

Il importe aussi de faire observer que ces

fêtes, les plus brillantes de celles qu'on donna à cette époque et auxquelles les personnes considérables en France et à l'étranger accoururent, leur firent faire une prodigieuse dépense dans la capitale ; que, par là, les produits des fermes furent, ainsi que Colbert l'avait prévu, considérablement augmentés, en sorte que, non-seulement ils fournirent aux frais que les fêtes avaient occasionnés, mais qu'ils contribuèrent encore aux embellissemens des lieux où elles furent célébrées.

« Il est aussi *probable*, dit le critique,
« qu'il avait été déjà fait de grandes acquisi-
« sitions de terre, parce que les travaux de
« Versailles avaient été commencés par
« Louis XIV dès 1661 avec toute l'ardeur de
« la jeunesse, que les deux villages de Trianon
« et de Choisy-aux-Bœufs y furent engloutis
« en entier, et que tant de terrains n'auraient
« pu être payés par la somme modique portée
« dans le compte de l'anonyme. »

Ici, Guillaumot va répondre :

« Gobert, ci-devant intendant des bâtimens
« de Louis XIV, dans un *Traité sur la pra-*

« *tique des forces mouvantes*, publié en 1702,
« dit qu'il fût chargé de faire l'estimation des
« terres, bois, prés et autres héritages pris
« pour les constructions de Versailles, et que
« c'était un objet de plus de cinq millions, *du*
« *temps*. »

« Mes *Mémoires*, ajoute cet architecte,
« portent cette dépense à 5,912,104 *liv*. 15 *s*.
« 10 *d. monnoie du temps*. »

Et le tableau joint à la dissertation de Lemontey explique que c'est « pour le rembour-
« sement des terres et héritages pris pour le
« château de Versailles et dépendances (Cla-
« gny, Glatigny, la machine de Marly et les
« travaux de la Rivière d'Eure) susmen-
« tionnées. »

C'est donc à tort que cette somme est com-
prise en entier par Lemontey dans les dépenses de Louis XIV antérieures à 1664 ; car,
la plupart de ces terrains provenaient, ou des
acquisitions faites par Louis XIII, du château,
de deux fermes et d'un fief, ainsi que d'autres
terrains sis à Versailles, dont les contrats sont
énoncés dans les *Recherches historiques* sur

cette ville ; où ils ne furent achetés, Trianon et Choisy-aux-Bœufs, qu'en 1663 et 1665, et les autres à mesure que Louis XIV agrandit le parc et les jardins.

2.° *Dépenses de 1664 à 1690.*

« L'état de l'anonyme est extrêmement in-
« complet. Par exemple, il ne commence les
« dépenses des Invalides qu'à 1679, et il
« n'en porte le montant qu'à 1,710,330 fr.
« Or, en 1670, l'hôtel des Invalides était
« construit et habité depuis cinq ans ; il est
« évident que la modique somme portée en
« compte ne peut concerner que l'entretien ou
« quelques accessoires ajoutés après coup. »

Le critique n'est pas heureux lorsque par hasard il veut préciser quelques circonstances ; ici, il a substitué plusieurs erreurs à des faits notoires.

Les travaux pour la construction des Invalides commencèrent le 30 novembre 1671, mais les fonds pour l'ameublement et pour l'entretien des soldats et des officiers qu'on y logerait ne furent réglés que par un édit du mois d'avril 1674 (*) ; enfin, l'inscription sur le piédestal de la statue équestre, en bas relief, de Louis XIV, porte : *Ludovicus magnus... has œdes posuit*, *an* MDCLXXV. Cet établissement étant dans les attributions du ministre Louvois, les dépenses comprises d'abord dans celles des travaux militaires furent, depuis 1679, reportés sur les fonds des bâtimens qui, dès-lors, suppléerent à ceux de la guerre : ce qu'il importe de faire remarquer.

« Comment croire, demande Lemontey,
« que la construction du Louvre et l'entretien
« des Tuileries n'aient coûté que 10,600,000
« fr. , tandis qu'il est *probable* que l'acquisi-
« tion des terrains pour le Louvre avait au
« moins absorbé cette somme , si l'on en juge
« par l'étendue de ceux que le régent rendit
« par un édit au commerce des propriétés
« privées, lorsqu'on eut renoncé au projet de
« Louis XIV ? »

Quoique les dépenses pour ces constructions ne soient pas de mon sujet, cependant, je ne

____

(*) *Art de vérifier les dates.* Hénault. De Roquefort, *Dictionn. des monumens de Paris.*

puis m'empêcher, dans l'intérêt de la discussion, de faire remarquer, d'abord, l'adresse du
critique à mettre en opposition « la construc-
« tion du Louvre, » comme s'il s'agissait de
tout le palais, avec les 10,400,000 fr., et à
ne pas indiquer (c'est toujours son usage) que
cette somme portée dans les *Mémoires* de
Guillaumot, *en monnoie du temps*, représente,
au moins le double, au *cours actuel*.

On sait en outre que le Louvre, com-
mencé sous François Ier, fut continué sous les
règnes suivans, sur une partie de l'emplace-
ment de l'ancien château et des jardins, et que
Louis XIII y fit construire le corps de bâtiment et le pavillon où se trouve l'horloge.
C'est en cet état que Louis XIV ordonna la
célèbre colonnade et l'achèvement de plusieurs
parties ; aux Tuileries, il fit bâtir le pavillon
septentrional et surélever celui de l'horloge,
qu'il décora.

Ainsi, l'on voit quelles augmentations reçu-
rent ces deux palais au moyen des 10,600,000
liv. équivalentes, aujourd'hui, à plus de
21,000,000 fr. (*).

(*) C'est l'évaluation de Guillaumot, qui, supposant le

De plus, que l'on considère ce qu'il en a coûté pour les deux constructions actuelles les plus importantes. Les discussions qui ont eu lieu à la Chambre des députés nous ont appris que l'immense édifice construit sur le quai d'Orsay et destiné peut-être aux Affaires étrangères, a coûté 8,000,000 fr., et il est certain que les dépenses de l'arc-de-triomphe, à l'Etoile, s'élèvent à 9,651,115 fr. Est-il quelqu'un qui puisse croire que les constructions de Louis XIV au Louvre et aux Tuileries soient trois fois aussi considérables que celles de l'édifice que je viens de désigner, ou le double de l'autre monument? Mais que l'on compare et qu'on juge.

« A qui persuadera-t-on que les immenses
« travaux de la rivière d'Eure et de l'aquéduc
« Maintenon, où périrent tant d'hommes et
« tant de trésors, n'aient occasionné qu'une

marc d'argent à 26 *liv.* le marc, lors des travaux, les porte au double, 52 fr. valeur d'aujourd'hui. Mais, des gens de l'art qui ont examiné mûrement la question, assurent que cette évaluation, eu égard aux prix des matières et de la main-d'œuvre, pourrait être triplée. Le lecteur est prié de se souvenir de cette observation.

« dépense de 8,600,000 fr. ? Le Roi défendit
« à toutes personnes, sous les peines les plus
« sévères, de sortir de ce camp de travailleurs,
« de peur que quelques transfuges n'allassent
« en révéler la situation déplorable. Cet essai
« malheureux du déplacement de la rivière
« d'Eure avait été précédé par le projet plus
« insensé d'amener à Versailles un bras de la
« Loire. »

Il n'est personne qui ne partage les sentimens de Lemontey sur les sommes hasardées
et principalement sur la perte des hommes
employés à ces stériles travaux ; mais sans
chercher à atténuer des fautes aussi graves, il
convient d'en exposer les causes.

Les eaux qui étaient recueillies dans de
vastes et nombreux réservoirs, encore exis-
tans, suffirent abondamment pendant quelques
années à la population de Versailles et aux fon-
taines jaillissantes des jardins. Cette population s'étant augmentée rapidemeut et au-delà
de ce qu'on avait pu prévoir, il fallut aviser
aux moyens de prévenir la disette. Plusieurs
projets furent présentés. D'abord, celui
d'amener une partie des eaux de la Loire, et

dont l'auteur, le célèbre Riquet, venait d'exécuter le canal du Languedoc (*). Ensuite on
proposa d'élever la rivière des Gobelins, en
la prenant un peu au-dessous de Bièvres, et
d'en conduire une partie à Versailles. L'un et
l'autre projets ayant été reconnus inexécuta-
bles, on s'occupa de celui de la rivière de
l'Eure. Pour accélérer les travaux et les rendre
économiques, on y fit concourir l'infanterie,
en lui accordant quelque surcroît de solde.
Mais le soldat français que ne rebute aucune
fatigue militaire, ne se prêtait qu'avec peine à
une pareille tâche; l'ennui et le remuement
des terres causèrent des maladies qui en firent
périr un grand nombre. Alors, et comme il
arrive toujours, les rapports devinrent de plus
en plus affligeans et furent portés jusqu'à l'exa-
gération, surtout par des courtisans avides et
persuadés que le trésor royal ne devait s'ou-
vrir que pour subvenir à leur faste.

Mais on conçoit qu'un tel renfort de travailleurs et les 8,600,000 *liv.* (17,200,000 fr.)

(*) *Voy.* les *Recherches historiques*, 2.me édition ,
page 121.

ont suffi pour exécuter des travaux considérables de cette nature.

Lemontey ajoute : « Voici ce que dit Dan-
« geau de l'aquéduc : « 8 juin 1685. —
« M. de Louvois revint de la rivière d'Eure,
« où il était allé voir les travaux. Il y aura
« près de 1,600 arcades aux aquéducs que
« l'on fait, desquelles il y en aura quelques-
« unes plus hautes deux fois que les tours de
« Notre-Dame. Outre ces 1,600 arcades-là,
« il y en aura beaucoup de petites que l'on
« ne compte point (*). »

Comment s'imaginer la nécessité d'un aussi
grand nombre d'arcades dans une étendue
d'environ 12 lieues d'un terrain peu inégal, et
qu'il y en aurait eu de la hauteur prodigieuse
de plus de 400 pieds? Suivant les nivellemens
du célèbre Lahire, la rivière d'Eure à Maintenon y est de 80 pieds plus haute que le terrain
des réservoirs de la grotte (la chapelle du château) de Versailles.

« Où trouvera-t-on des esprits assez cré-

(*) Les *Mémoires* de Dangeau ne sont pas tous écrits de
sa main ; cet article est sans doute du « vieux valet de
chambre imbécile » dont parle Voltaire.

« dules pour admettre que Versailles et ses
« dépendances, où le marquis de Dangeau
« assure que 36,000 ouvriers étaient occupés à
« la fois, ont coûté seulement 87,000,000 fr.?
« L'auteur lui-même en a honte ; il récuse
« ses propres chiffres, et finit par dire va-
« guement que Versailles coûte plus de
« 100,000,000 fr. Comment concilier ce lan-
« gage avec l'assurance de ses nouveaux édi-
« teurs? »

A en croire la première phrase, il semble-
rait que 36,000 ouvriers ont toujours été en
activité. Voici le texte de Dangeau, édition
de Lemontey. « 31 *mai* 1685. Par le calcul
« qu'on fit de tous les gens qui travaillent
« *présentement* ici ou aux environs pour Ver-
« sailles, on trouva qu'il y en avait plus de
« trente-six mille travaillant *actuellement.* »
Aussi Dangeau, ou son secrétaire, le remar-
que, avec étonnement. En effet, Louvois,
qui avait succédé à Colbert dans l'intendance
des bâtimens, fit venir des troupes pour accélérer tous les travaux ; mais l'achèvement des
uns et la suspension de ceux de l'Eure, ré-
duisirent bientôt le nombre des travailleurs.

D'ailleurs, si Guillaumot porte les dépenses de
Versailles pendant les 27 années
de 1664-1690, à............   87,537,989 4 4

Il faut y ajouter, pour les travaux antérieurs, suivant la let-
tre de Colbert. ....   1,500,000 » »

Et pour les meubles et grands
ouvrages d'argenterie payés sur
d'autres fonds que ceux des bâtimens, ainsi qu'il est expliqué,
page 16, des *États, au vrai*....   19,639,282 14 5

Total....... 108,677,271 18 9

Ou, 217,354,542 fr., suivant
l'évaluation de Guillaumot.

Ainsi, Marinier, l'auteur des
Mémoires, qui a indiqué ces
grands ouvrages, mais qui ne
connaissait pas ce qu'ils avaient
été payés, a pu écrire hardiment
que Versailles coûtait plus de
cent millions.

Les dépenses postérieures à
1690 sont celles de la chapelle
du château, 1699-1710......   3,260,341 » »

A reporter...... 111,937,612 18 9

(31)

Report..... 111,937,612 18 9

En y comprenant les dépenses
de Marly. 4,501,279 13 4

Le total général des sommes
dépensées à Versailles, Marly et (*)
leurs dépendances, est donc de. 116,438,892 12 1

Ou, 232,877,785 fr. 4 s. 2 d., suivant la même
évaluation.

Lemontey termine son alinéa, en citant ce
passage d'une lettre de Colbert à Louis XIV :
« J'avoue à Votre Majesté que nonobstant la
« répugnance qu'elle a d'augmenter les *comp-*
« *tans*, si j'avais pu prévoir que cette dépense
« eût été si grande, j'aurais été d'avis de l'em-
« ployer en des ordonnances *de comptant.* »

On ne doit pas non plus être étonné que,
frappé des dépenses qu'avaient occasionnées
les travaux que le caprice avait fait recom-

(*) On devrait en déduire les 3,000,000 *liv.* rentrées au
Trésor royal par l'envoi que Louis fit de ses grands meubles d'argenterie à la Monnaie, en 1689, lors de la guerre
contre la *ligue d'Augsbourg*, et non de la *Succession*,
comme j'ai eu tort de l'écrire, page 28, des *Etats*, *au
vrai.* « Le Roi comptait en retirer plus de 8,000,000 *liv.* »
(*Dangeau.*)

mencer à Versailles et à Marly, ou ceux in-
fructueux de Maintenon, Colbert eut été d'avis
d'employer à leur paiement des ordonnances
de comptant (*). Mais, heureusement, et ainsi
que le ministre le témoigne, le monarque s'y
refusa. Autrement, on n'aurait plus aucun
moyen de constater ces dépenses, et l'esprit de
parti, ou l'ignorance, aurait eu beau jeu pour
les évaluer, comme on l'a fait, à des milliards.

« Les réductions dont il s'agit sont si ex-
« traordinaires qu'elles ressemblent à des inep-
« ties, si on n'avait la clé qui suffit à cette
« explication.... C'est que sous un monarque
« absolu, tout obéit à la fantaisie du moment.
« On trouve dans l'état même de l'anonyme
« l'indication que les fonds de la guerre, le
« trésorier de l'argenterie, les caisses des
« états provinciaux, et *probablement* bien
« d'autres départemens, contribuaient aux dé-
« penses des bâtimens de Louis XIV. Toute
« la partie soldée de cette manière n'entre
« point dans l'état présenté à Mansard. »

(*) On appelait ainsi les ordonnances qui n'indiquaient
pas les causes de la somme à payer. Louis XIV ne s'en
servait que pour les affaires secrètes de l'État.

Personne ne peut mieux que Lemontey répondre au reproche qu'il vient d'adresser à l'ab-
solutisme du monarque, en matière de finances.

« Je regrette, dit cet historien, de ne pou-
« voir, dans une simple introduction(*), décrire
« l'administration financière de Louis XIV.
« Malgré quelques erreurs sur des points de
« théorie, que le temps n'avait pas encore vé-
« rifiés, elle établit l'ordre et fit beaucoup de
« bien jusqu'à ce que les dissipations l'eussent
« jetée hors des lignes tracées par Colbert.

« Sans prononcer sur le mérite de ce sys-
« tême, je dois remarquer combien l'inven-
« tion en appartient personnellement au Roi.
« Jusqu'alors le champ des affaires publiques
« avait été une arène confuse où combattaient
« pêle-mêle la violence, la ruse et le hasard...
« Ce prince eut par un accord bien rare le
« talent, le goût, le pouvoir et le temps d'ac-
« complir ce projet, et il en trouva les moyens
« dans son amour des détails, et dans son in-

(*) *Essai sur l'établissement monarchique de Louis XIV*,
dans les *OEuvres de Lemontey*, tome v, pages 21-22,
1829, in-8º. La dissertation qui nous occupe ne se
trouve pas dans cette collection.

« fatigable application durant la durée de son
« règne, et dans sa constance à soutenir des
« ministres fermes et laborieux. Parmi les
« quatre cents médailles que la justice et la
« flatterie lui prodiguèrent, celle qui aurait
« couronné son effigie par cette simple lé-
« gende : LOUIS L'ADMINISTRATEUR, eut été
« la plus glorieuse et la plus véridique ; car,
« surpassé dans tous les autres devoirs de la
« souveraineté, il est demeuré sans égal dans
« celui qu'indiquerait cet hommage. »

Venons aux autres assertions de Lemontey, 1.º où a-t-il vu dans aucun des états joints à sa dissertation, ou ailleurs, que les fonds de la guerre contribuaient aux dépenses des bâti-mens du Roi ? Un des paragraphes précédens a prouvé, au contraire, que les fonds des bâ-timens ont pourvu à des dépenses de la guerre.

2.º Il est vrai que le trésorier de l'argenterie a payé « les dépenses qui ont été faites pour
« les meubles, les grands cabinets, les grands
« ouvrages d'argenterie et autres qui n'ont
« pas été acquittés sur les fonds des bâti-
« mens, » et que leur montant n'est pas em-ployé dans les *Etats particuliers* de Marinier ;

mais sur l'indication qu'il en a donnée, j'ai dé-
montré, page 16 des *Etats*, *au vrai*, que ces
dépenses comprises implicitement dans son *Etat
général*, s'élevaient à 19,639,282 liv. 14 s.
5 d.; et j'ai compris cette somme dans la *Récapitulation générale*.

3.º Loin que les caisses des Etats provinciaux aient jamais fourni aucun fonds pour les
bâtimens du Roi, on voit dans l'*Encyclopédie*,
article, *Canal du Languedoc*, « qu'il a coûté
« 30,460,000 fr., valeur d'aujourd'hui, et que
« le Roi en a payé près de moitié, qui est de
« 15,230,000 fr. » Or, les *Etats*, *au vrai*,
portent, que les fonds des bâtimens ont fourni
pour ce canal, 7,736,555 *liv.* 19 *s.* 4 *d.*,
monnoie du temps, ou, suivant l'évaluation de
Guillaumot, 15,473,111 fr. 18 *s.* 8 *d.* valeur
d'aujourd'hui. C'est à cet architecte que je
dois cette réponse, et il n'y a rien à répliquer.

Enfin, Lemontey prétend encore que, «*pro-
« bablement*, bien d'autres départemens con-
« tribuèrent aux dépenses des bâtimens de
« Versailles; » et c'est un historien grave qui
hasarde aussi légèrement une pareille alléga-
tion.

3.° *Dépenses postérieures à* 1690.

Lemontey qui, sous le titre des *dépenses antérieures à* 1664, en a placé de l'époque suivante, va, sous le titre actuel, en présenter quelques-unes qui étaient terminées en 1690, et toujours afin de montrer que, sous ce règne, les travaux n'ont jamais été interrompus, même pendant la guerre. Ecoutons-le.

« L'auteur dit qu'elles (les dépenses) furent
« alors retranchées à cause de la guerre, mais
« d'abord cela ne doit s'entendre que jusqu'au
« moment où l'anonyme écrivait. »

Non. L'auteur, dans le titre de ses *Mémoires,* que le critique avait sous les yeux, dit expressément : « jusques et compris l'année 1690,
« qu'elles furent retranchées par ordre de Sa
« Majesté ; » ce qui n'est pas équivoque. Il ne peut être, ici, question ni des dépenses d'entretien, ni de quelques constructions accessoires en d'autres résidences royales.

A l'appui de son assertion, le critique assure qu'on trouve sur la première feuille du manuscrit ces mots que M. Guillaumot a tracés

de sa main : « Ce manuscrit parait écrit au
« commencement de ce siècle ; car, en 1701,
« la chapelle de Versailles n'existait pas en-
« core, et Mansart est mort en 1708. »

Cette note ne justifie en rien l'assertion du
critique ; et, si elle était de Guillaumot, elle
prouverait qu'il a reconnu ce manuscrit comme
un extrait fidèle de son volume, dont les dépenses avaient été vérifiées par les autorités
compétentes.

Lemontey n'ayant plus à se récrier contre
les dépenses de Versailles, s'est avisé de donner son opinion sur le seul édifice qui y a été
construit depuis 1690.

« La chapelle de Versailles, dit-il, com-
« mencée en 1690 et finie en 1710, est un
« rare monument de mauvais goût et de folle
« profusion, où l'on a prodigué sans mesure,
« les ornemens, les dorures et les marbres
« précieux. »

Lorsque d'habiles architectes, entre autres
Blondel (*), ont fait un éloge motivé de cet

____

(*) *Architecture française ;* IV, 142.

édifice, la sortie de Lemontey montre jusqu'à quel travers d'esprit peut conduire la manie de la critique.

Le paragraphe suivant n'est pas le moins curieux de la dissertation.

« A peine Versailles était-il achevé que le « Roi s'en dégoûta, et porta sur Marly ses rui- « neuses affections. Les sommes qu'il y versa « sont incalculables, parce que tout y fut fait « et défait plusieurs fois. » Mme de Maintenon écrivait le 19 juillet 1698 : « On fait encore « ici un corps de logis de 100,000 toises; « Marly sera bientôt un second Versailles (*). « Je n'ai pas plu dans une conversation sur « les bâtimens. »

On doit déplorer avec Lemontey les som- mes que Louis XIV a prodiguées à Marly, et surtout en changemens capricieux. Mais c'est décréditer son jugement que d'évaluer au ha- sard, ainsi qu'on l'a vu page 15 , à la somme

______

(*) Le château de Marly était un pavillon carré de 20 toises en tout sens ; il était accompagné de 12 petits pa- villons aussi carrés, d'environ 30 pieds de large, et dis- tant les uns des autres de 30 toises.

énorme de 150,000,000, les dépenses que cette demeure a occasionnées.

Et par quel étrange aveuglement le critique a-t-il pu lire, dans les lettres de Mme de Maintenon, et écrire : « Un corps de logis de « 100,000 *toises* (111 arpens de superficie)? » A cette assertion hyperbolique, j'ai recouru aux lettres de cette dame, édition de Grouvelle, et j'y ai lu : « On fait encore ici un « corps de logis de cent mille francs !... »

Il faut s'arrêter : tant d'erreurs et tant de méprises qu'on pourrait autrement qualifier, attestent que la prévention de Lemontey contre Versailles, était portée au point qu'il n'a jamais rien recherché, ni voulu examiner de ce qui l'aurait éclairé ; c'était une idée fixe. En effet, après en avoir parlé avec amertume dans son *Essai sur l'établissement monarchique de Louis XIV*, il donne comme *Pièces justificatives*, non les comptes du trésor royal qu'il avait eus sous les yeux, et qui, sans doute, l'auraient contredit, mais plusieurs pages de déclamations et de sarcasmes qu'il emprunte aux *Mémoires* du frondeur Saint-Simon (*).

(*) *Voy.* les *Recherches historiques*, page 131-132.

(40)

Il est donc évident qu'aucune des objections de Lemontey ne peut soutenir le moin-
dre examen. Il ne suffit pas d'avancer qu'il est
probable que les dépenses ont coûté tant de
centaines de millions, ou tant de milliards,
pour en être crû sur sa parole : c'est ainsi
qu'on éblouit la multitude, mais on est dédai-
gné par les hommes qui veulent s'instruire. Et
comment aurait-il pu opposer des faits garantis
par des autorités, à des résultats qui avaient
été soigneusement discutés et vérifiés à la
Chambre des comptes?

Il y a plus, Lemontey fournit des preuves
qui détruisent ses allégations. « A la mort de
« Colbert, avait-il dit ailleurs, malgré les deux
« guerres qu'on avait soutenues, les revenus
« s'élevaient à 116,053,374 *liv.*, les charges
« se réduisaient à 23,375,724 *liv.*, et le Tré-
« sor royal recevait 92,678,100 *liv.* (*) » Or,
est-ce avec un revenu qui ne s'était accru que
successivement, qui, pendant vingt ans, avait
supporté les dépenses de nombreuses armées,
de constructions de forteresses et les charges

(*) *Notice sur Colbert*, page 247; déjà citée.

de l'Etat, et qui, à la mort de ce ministre, se trouvait dans une situation prospère ; est-ce avec ce revenu que le Trésor royal aurait pu subvenir à des dépenses aussi prodigieuses qu'on le prétend ? Observation très-essentielle.

On sait, dit encore l'auteur de la dissertation, « par les comptes généraux publiés par « Mallet, premier commis des finances, que, « dans la seule (lisez la seconde) année qui « suivit la mort de Colbert, Louvois consom- « ma en bâtimens, 15,590,901 fr. (plus de « trente millions actuels). (*) » Eh bien ! cette énonciation précise, prouve la véra- cité des *Mémoires* critiqués ; car, dans l'état général, ou la *Récapitulation*, il est porté 15,408,443 *liv.*, dont, suivant l'état particu- lier, 11,314,281 *liv.* pour Versailles ; année où les dépenses de cette nature ont été plus que doublées par les constructions ou le paie- ment de celles presque simultanées de l'église de Notre-Dame, de l'Orangerie, des grandes et petites Ecuries et de la rivière de l'Eure. Louvois, comme on l'a vu, avait voulu donner

____

(*) Pour faire mieux ressortir cette somme, le critique l'évalue et en toutes lettres ; c'est la seule fois.

une grande impulsion à tous les travaux ; mais ils furent réduits de plus en plus, durant les quatre années suivantes, et seulement de 368,101 *liv.*, en 1690, époque où Louis XIV les fit cesser, à cause de la guerre.

Si Lemontey avait été impartial, il aurait fait remarquer aussi qu'au moyen de ces réductions successives, la totalité de ces dépenses ayant été pendant les six dernières années de 29,902,291 *liv.*, elles se compensaient entre elles, année commune, à 4,983,478 *liv.*, et que chacune se trouvait être inférieure à un grand nombre des années précédentes.

Maintenant, je vais, ainsi que je l'ai annoncé page 14, reproduire les renseignemens que j'ai recueillis aux archives de la Couronne, où feu M. Guillaume, archiviste général, s'est prêté à quelques-unes de mes recherches.

« J'y ai reconnu que les registres de dépense des sept années antérieures à 1668, ne s'y trouvent point (*) ; mais qu'à partir de cette

(*) J'ai trouvé à la bibliothèque du Roi, section des manuscrits, fonds Colbert, n.os 1 à 4, les registres des quatre années 1664-1667 ; ils complètent, avec la lettre

époque, ils se succèdent pendant tout le règne de Louis XIV, et même au-delà.

« Ceux-ci, reliés en maroquin rouge, sont
bien tenus, d'une belle écriture du temps, et
comprennent non-seulement les sommes payées
à compte ou pour solde aux entrepreneurs des
constructions et aux artistes dont les ouvrages
décorent Versailles, mais on y a aussi inscrit
celles concernant d'autres châteaux royaux,
des monumens et des fêtes publiques, et
même quelques paiemens pour des vêtemens
et d'autres objets à l'usage personnel du Roi.
Ainsi, le volume de 1668, dont les dépenses
montent à 3,616,482 *liv.* 10 *s.* 11 *d.*, et celui de 1669, dans lequel elles s'élèvent à
5,194,688 *liv.* 15 *s.* 4 *d.;* ces volumes,
dis-je, contiennent les sommes payées, soit
pour les constructions et les somptuosités de
Versailles, soit pour les ouvrages exécutés au
Louvre, aux Tuileries, au Palais-Royal, à
l'Arc-de-Triomphe (Porte-Saint-Antoine), à

de ce ministre, la série des documens nécessaires. Je les
ai indiqués page 12 des *Etats, au vrai,* et je ferai connaî-
tre en son lieu le montant des dépenses de chacune de
ces années.

l'Hôtel des Invalides et à l'Observatoire , soit enfin à Vincennes, à Saint-Germain, Chambord , etc. On y voit aussi que les différentes sommes payées pour le feu d'artifice tiré le 6 juillet 1668, pendant les fêtes données à l'occasion de la première conquête de la Franche-Comté, se sont montées à 117,033 *liv.* 2 *s.* 9 *d.* Les registres des années suivantes offrent la même diversité dans les dépenses. »

J'aurais désiré de faire un extrait de ces registres en ce qui concerne les dépenses de Versailles pendant le règne de Louis XIV ; mais M. Guillaumot me fit observer qu'il n'était pas autorisé à donner cette communication. Cependant, j'obtins de son obligeance quelques détails et les totaux de cinq années ; je publiai alors , comme preuve de mes investigations , les renseignemens qu'on vient de lire sur les deux premières.

Depuis, et récemment à l'occasion de la discussion actuelle , j'ai renouvelé mes instances, et quoique bien disposé à les accueillir, M. l'archiviste général considéra qu'il ne pouvait y déférer, attendu que les archives de la Couronne ne sont pas un dépôt public. Es-

pérons qu'un jour l'administration nous dévoi-
lera tout ce qu'elle possède sur cette matière si
intéressante pour l'histoire (*).

Je me trouve donc dépourvu d'une partie
des moyens sur lesquels je comptais, 1.° pour
constater entièrement l'exactitude des *Mémoires* de Marinier et leur conformité avec les
registres de la même bibliothèque, fonds Colbert, et avec ceux des archives de la Couronne ; 2.° et pour établir l'effectif de toutes
les dépenses de Versailles, depuis 1661 jusqu'à 1710. Néanmoins, le tableau comparatif
que je vais présenter de leur totalité pendant
neuf années de suite, d'après ces différens
documens, répandra une grande lumière sur
notre discussion.

(*) Qu'il soit permis de faire observer, d'abord, qu'outre
la division naturelle par année et par nature d'ouvrages,
il faudrait départir ce qui ne s'applique qu'aux dépenses
annuelles, frais d'entretien et autres de cette nature. Au
moyen de cette distinction indispensable, on connaîtra
ce que Versailles a réellement coûté. En second lieu, que
pour l'évaluation de ces dépenses, eu égard au cours actuel, il n'y aurait qu'un jury d'architectes et de savans
qui pourrait remplir cette mission : toute autre apprécia-
tion ne serait qu'hypothétique.

	Registres Colbert et Archives.			Mémoires et Etats, au vrai.		
Années,	liv.	s.	d.	liv.	s.	d.
1664. —	3,219,663	18	1 —	3,221,731	2	2
1665. —	3,269,791	»	3 —	3,269,723	19	3
1666. —	2,823,857	14	» —	2,826,770	3	5
1667. —	3,611,784	3	2 —	3,516,160	3	10
1668. —	3,616,482	10	11 —	3,616,486	»	2
1669. —	5,194,688	15	4 —	5,192,954	8	6
1670. —	6,950,891	»	» —	6,834,037	16	»
1671. —	7,863,659	»	» —	7,865,243	1	2
1672. —	4,144,128	»	» —	4,168,354	12	6
Totaux..	40,694,946	1	9	40,511,461	7	»
Report ..	40,511,461	7	»			
Différence.	183,484	14	9			

Il n'est pas douteux que, pendant les dix-
huit années suivantes, les *Mémoires* de Marinier offriraient le même accord avec les registres des archives de la Couronne pour les dépenses des bâtimens en général, mais dont il y
aurait à distraire, comme on l'a dit, celles
étrangères à Versailles. C'est cette concordance
et des renseignemens venus de bonne source

qui m'ont déterminé à considérer ces *Mémoi-res* comme un document d'autant plus certain, qu'ils s'accordent également avec les résultats, par année et par chaque nature de dépense, que Guillaumot a vérifiés à la Chambre des comptes. Enfin, la nullité des objections de Lemontey, et les preuves qu'il a lui-même fournies contre son système, me confirment entièrement dans mon opinion.

Agréez, je vous prie, Monsieur, les expressions de mes sentimens très-distingués,

ECKARD.